Ein Elfenhellfer Selbsthilfebuch

Elfenhellfer für voll beschäftigte Mütter

Dieses Buch wurde auf völlig chlorfrei gebleichtem
HANF-PAPIER
aus Hanfschäben gedruckt - eine österr. Weltneuheit.
Eine Tonne Hanfpapier erspart das Fällen von zwölf
ausgewachsenen Bäumen: und ein einziger Hektar
Hanf bringt auf Dauer die mindestens 4-fache Menge
Papier wie ein gleich großer Wald.

Elfenhellfer für voll beschäftigte Mütter
Elfenhellfer Nr.19
Titel der Originalausgabe: Busy Moms

Übersetzt von Sylvester Lohninger und Robert Jaroslawski
Gedruckt in Österreich und Deutschland

1. Auflage 2000
ISBN 3-85466-018-9

Ein Elfenhellfer Selbsthilfebuch

Elfenhellfer für voll beschäftigte Mütter

Verfaßt von

Molly Wigand

Illustriert von

R.W. Alley

Edition LebensTraum
im Sequoyah Verlag

Vorwort

Jede „viel beschäftigte“ Mutter weiß, dass dieser Ausdruck eine Untertreibung ist. Ob nun beim Jonglieren mit beruflicher Karriere und häuslichem Leben gleichzeitig oder beim Anpacken des „heldentätigen“ Kunststückes eine zu Hause bleibende Mama zu sein: Mütter haben in jedem Fall einen anstrengenden, arbeitsreichen Job, der große Reserven an Mut, Weisheit und Liebe erfordert.

Wenn sie „im Morast der häuslichen Schützengräben“ versinkt und feststeckt, dann kann die Geduld einer Mutter recht dünn werden, ihre gute Laune entschwinden und ihr Selbstvertrauen zunehmend verfallen. Und sie mag dann einiger wohltuender, aufbauender Winke zur Erinnerung bedürfen:

- ∞ Du bist eine wertvolle und fähige, tüchtige Mutter von liebevoller Natur und mit guten Instinkten ausgestattet;
- ∞ Kinder aufzuziehen kann eine Quelle großer Freude und Inspiration sein;
- ∞ Dein Ehemann und die Kinder tragen mit an der

Verantwortung, ein glückliches Zuhause zu erschaffen;

- ∞ Für Dich selbst zu sorgen befähigt Dich, für Deine Familie zu sorgen;
- ∞ Gott ist mit Dir auf Deiner spirituellen Reise der Mutterschaft.

Dieser „*Elfenhellfer für voll beschäftigte Mütter*“ wird Dir diese Wahrheiten klar vor Augen führen - selbst an den schwierigsten Tagen - und wird Dir hellfen, von Neuem die unvergleichliche Freude wiederzuentdecken, eine Mutter zu sein!

1.

Sei geduldig mit Dir, während Du auf dem Weg bist, die beste Mutter zu werden, die Du sein kannst. Elternsein ist eine Geschicklichkeit, die durch immer nur eine Erfahrung auf einmal, eine nach der andern, gelernt wird.

2.

Bejahe (und bekräftige Dir) das Recht einer jeden Mutter (einschließlich Deiner selbst!), Entscheidungen so zu treffen, wie sie für sie richtig sind. Gute Mütter kann man im Büro ebenso wie im Park antreffen. Wir sitzen da alle im gleichen Boot!

3.

Ignoriere kritische Ratschläge von „gut meinenden“ Außenseitern. Vetraue Deinen Instinkten darin, was für Dich und Deine Familie richtig ist. Nur Du kannst das ganze Bild der Bedürfnisse Deiner Kinder sehen und darauf entsprechend eingehen.

4.

Widerstehe dem Drang, Dich mit anderen Müttern zu vergleichen. Gott ließ Dir diese Familie zuteil werden (und schenkte Dich ihnen) aus besonderen Gründen. Du hast alles, was Du brauchst, um eine liebende, fürsorgliche Mutter zu sein.

5.

Lache mit Deinen Kindern. Genieße ihre goldige, frischfreie Sichtweise. Lehre durch Dein eigenes Beispiel die kraftspendende Macht des Humors im Leben einer Familie.

6.

Achte ganz entschieden darauf, mehr Umarmungen, Küsse, Schulterklopfen und mehr Streicheln zu schenken (und zu empfangen). Suche nach neuen, einfachen Wegen, Liebe und Zuneigung, Anerkennung und Ermutigung zu zeigen. Kinder brauchen Berührung. (Und Mütter auch!)

7.

Lasse Deinen Kindern die Freiheit, anders als Du zu sein. Höre Ihren Meinungen und Beobachtungen mit offenem Geist und wirklicher Achtung zu. Versuche ihre aufkeimende Unabhängigkeit nicht als eine Bedrohung zu sehen, sondern als Kompliment und Anerkennung Deiner gelebten Elternschaft.

8.

Wähle die Kämpfe aus, die Du bestreiten willst. Erwarte Widerstand und Rebellion, während das Kind Vertrauen und Autonomie erlangt. Solange nicht Deines Kindes Sicherheit auf dem Spiel steht, entspanne Dich und lockere Dein Bedürfnis, jede Handlung Deines Kindes und deren Folgen zu kontrollieren.

9.

Mache Deinen Selbstwert nicht am Verhalten Deines Kindes fest. Kinder sind - wie Mütter - unvollkommene Wesen. Liebe und akzeptiere ihre unvermeidlichen Fehler als Stolperer auf ihrer Reise des Lernens und Wachsens.

ZEUGNIS
Betragen bedarf der Verbesser-ung.

10.

Widme jedem Familienmitglied eigens eine Zeit zu zweit. Einander als Individuen kennenzulernen hilft Euch, einander wertzuschätzen und einander eine echte Stütze zu sein.

11.

Begreife, daß manche Mütter großartig mit Kleinkindern umgehen können, während andere gute Freunde und Führer für Jugendliche sind. Suche das Gute an jeder Altersgruppe und Entwicklungsstufe zu sehen. Kinder wachsen so schnell heran. Eines Tages wirst Du Dich nach der Zeit zurücksehnen, die Du jetzt gerade durch machst.

12.

Wenn sich verschiedentlich Druck aufbaut und die Anforderungen und Forderungen Deiner Kinder von Deiner gutmütigen Natur Tribut fordern, bitte Gott, Dir zu helfen, Deine gereizte Stimmung zu beherrschen. Nimm Dir Zeit zu pausieren. Zähle bis zehn (oder hundert, falls nötig).

13.

Schaffe eine partnerschaftliche Zusammenarbeit und Verständigung mit den Lehrern und Betreuern Deiner Kinder. Indem sich Deine Einsichten über die einmaligen Bedürfnisse und Eigenschaften Deines Kindes mit deren professionellen Fertigkeiten verbinden, lasst Ihr seine Betreuung, Schulerziehung und Ausbildung zu einem glücklichen, erfolgreichen Abenteuer werden.

ELFEN-TAL
Tages-
Kinderstätte
Baby
Liste

14.

Haltet den kommunikativen Austausch in Eurer Familie rege und offen. Durch Familienzusammenkünfte, durch Gespräche beim Abendessen oder durch ganz beiläufige Konversation ermutige alle, ihre Bedürfnisse und Anliegen zur Sprache zu bringen. Regelmäßig Deiner Familie auf den Puls zu fühlen, kann kleine Probleme daran hindern, sich in schwer zu handhabende Krisen auszuwachsen.

15.

Während Du Aussprache und Austausch Deiner Familie in Gang hältst, vergiß nicht darauf, Deine eigenen Bedürfnisse zum Ausdruck zu bringen. Es ist für viel beschäftigte Mütter ein Leichtes, zu Märtyrern zu werden - sie arbeiten, während die andern sich entspannen, sie räumen die hinterlassene Unordnung auf und kümmern sich um alles und jeden. Es ist sehr wahrscheinlich, dass Deine Familie auf Deine aufrichtige Bitte um Hilfe eingehen wird.

HAUSARBEITEN

16.

Einen angenehmen und behaglichen Lebensraum aufrechtzuerhalten vermindert Stress und bestärkt den kooperativen Geist Deiner Familie. Teile die Hausarbeit fair unter Mitgliedern der Familie auf. Eine glückliche Familie glückt dann, wenn ein jeder für das gemeinsame Wohl zusammenarbeitet.

17.

Lasse die ganze Familie helfend an der Planung von Mahlzeiten, am Einkaufen und am Kochen Anteil haben. Mache es möglich, daß ein jeder, vom Vorschulkind bis zum Teenager, an den mit den Mahlzeiten verbundenen Hausarbeiten teilhat. Das Vorbereiten von Mahlzeiten wird lustiger und kreativer, wenn Du nicht alles Tag für Tag alleine machst!

18.

Die stundenplanmäßige Einteilung und Betreuung der sportlichen, schulischen und außerschulischen Aktivitäten der Kinder kann Dich wirklich am Laufen halten. Füge Dein eigenes beschäftigtes Leben noch zu dieser Mischung hinzu, und die Tage werden überfüllt und überwältigend. Wöchentliche Planungstreffen (und ein Kalender mit großen Feldern) können Dir helfen, einen Überblick über das „wer wann wohin" zu behalten.

Familien-Kalender
KUNST-
KLASSE
Fuß-
ball
wieder
Fußball
Schul-
Treffen
Zahn-
arzt
Theater
Klavier
Tuba

19.

Rette Dir Zeit und spare Dir Energie für Deine Ehe auf. Das beste Geschenk, daß Eltern Ihren Kindern machen können, ist ihnen zu zeigen, wie man liebt und wie man geliebt wird. Setzt Euch mit jenen in Verbindung, die Ihr ward, bevor Ihr Eltern wurdet. Bringt den Funken wieder zum Glühen. Verbringt Zeit „alleine miteinander."

20.

Wenn Konflikte und Negativität den Frieden und die Harmonie in Eurer Familie zu stehlen beginnen, dann sucht Hilfe in Beratungen. Um Hilfe zu bitten ist ein Akt des Mutes und der Stärke. Es zeigt Euren Kindern, dass Ihr, obwohl Ihr nicht alle Antworten parat habt, bereit seid, zur Lösung Eurer Probleme zusammenzuarbeiten.

FAMILIEN
BERATUNG

21.

Um die Pflege Deiner Kinder freier und effektiver zu gestalten, nimm Dir die Zeit, Deine eigenen besonderen Bedürfnisse zu pflegen. Gönne Dir einen „Tag des Luxus". Nimm Dir Zeit für ein Schaumbad, eine Maniküre, eine Verabredung zum Haareschneiden oder zu einem vergnüglichen Einkaufsbummel. Verwöhne Dich selbst und entdecke Deine natürliche Weiblichkeit wieder.

VALLEE du ELF
SALON de la BEAUTÉ

22.

Mit anderen Müttern Zeit zu verbringen bietet Dir beruhigende Aufmunterung und bestätigende Unterstützung für Deine Rolle als Mutter. Habt Spaß zusammen. Schaut Euch einen Film an. Macht zusammen einen Ausflug.

23.

*Finde Dir fürsorgliche und er-
mutigende Mentoren, indem
Du bei erfahrenen Müttern Rat
und Inspiration suchst.
Eine Frau, die schon in „Deinen
voll beschäftigten Schuhen“ ge-
steckt ist, kann Dir hellfen, den
richtigen Blickwinkel wiederzu-
gewinnen und diese herausfor-
dernden Zeiten tatsächlich zu
genießen.*

24.

Gönn Dir zuweilen eine kleine Schwelgerei. Du verdienst es, die Freuden des Lebens zu genießen. Ob Deine Leidenschaft nun Schokolade, Schuhen oder einem Nachmittagsschläfchen gilt, ...nur zu!

25.

Widerstehe dem Drang, Deine Tage mit Extra-Hausarbeiten, Verpflichtungen und Verantwortlichkeiten zu füllen. Plane gewisse Zeiten zum „Abschalten“ ein, damit Du auch ganz für Dich allein tagträumen, lesen oder jene Dinge tun kannst, die Du am liebsten machst.

26.

Regelmäßige Körperübung und gesundes Essen werden Dein Leben im Gleichgewicht und Deine Probleme im richtigen Blickwinkel halten. Sei stolz auf den vernünftigen Lebensstil, den Du für Deine Familie einprägsam vorgibst.

27.

Freiwillige Tätigkeiten zu übernehmen ist großartig, aber hüte Dich davor, übermäßig in zeitraubende Komitee- oder Vereinsarbeiten verwickelt zu werden. Behalte Dir das Recht vor, Nein zu sagen. Wenn Du in einem schwachen Moment unbeabsichtigt Ja gesagt hast, behalte Dir das Recht vor, Deine Meinung zu ändern.

Aa Bb Cc
Freiwillige
Kinderbetreuung

28.

Räume dem Gebet einen vorrangigen Platz ein. Bedenke: Gott hat eine Menge Erfahrung im Umgang mit eigensinnigen Kindern.

29.

Augenblicke des Alleinseins sind essentiell für Deine geistige Gesundheit. Bahne Dir einen Weg zu eigener Zeit, zu eigenem Raum, wo Du ganz einfach Du selbst sein kannst. Verbinde Dich mit Deiner inneren Essenz und meditiere, um neue Kraft in Dein tägliches Leben zu bringen. Eine „geerdete" Mama ist eine glückliche Mama.

30.

Lasse nicht übermäßiges Sorgenmachen und ängstliche Gedanken Deiner Mutterschaft die Freude rauben. Dich über die Sicherheit Deiner Familie zu bekümmern sollte nicht zu einer Vollzeitbeschäftigung werden. Bringe Deinen Kindern bei, Acht zu geben; und dann vertraue Gott ihren Schutz an, wenn sie den Bereich Deiner Fürsorge verlassen.

31.

Du kannst materialistisches Denken vermindern und Dein Leben vereinfachen, indem Du Familienmitgliedern hilfst, zwischen ihren Wünschen und ihren Bedürfnissen zu unterscheiden. Vermittle ein Gefühl dankbarer Wertschätzung für die vielen Segnungen, die Eure Familie bereits genießt.

KAUF DAS
100.-
50.-
DAS BRAUCHST DU
KÖNNTE DIR GEHÖREN

32.

Schließe Dich den Festtagstraditionen an, die Dein Leben lichter machen und Deinen Glauben bereichern. Lasse von den Haushaltsarbeiten und Erwartungen los, die freudige Gelegenheiten in stressvolle Zeiten verwandeln. Konzentriere Dich stattdessen auf die einfachen Aktivitäten, die Deiner Familie am meisten bedeuten.

33.

Verbringe Zeit in der Natur. Gewinne Weisheit von den Phasen des Mondes. Beobachte Muttervögel und andere Geschöpfe, wie sie für ihre Nachkommenschaft sorgen und lerne von ihnen. Mutterschaft ist Natur in ihrer wunder-vollsten Äußerung.

34.

Betrachte die Mutterschaft als ein Privileg und nimm sie und Deine Familie als ein kostbares Geschenk Gottes an. Wenn ein Tag sich zu sehr nach banalem Allerwelts-Tag anfühlt, denke zurück an Dein Leben, als Du noch keine Kinder hattest.
An-erkenne und wertschätze die Überraschungen, die Kinder jedem Tag bringen.

35.

Du kannst Dir erwarten, daß die Anforderungen des Mutterseins streng sind, aber erinnere Dich zugleich, wie üppig der Lohn ist. Deine Kinder sind eine freudige und hoffnungsvolle Brücke in die Zukunft. Die Samen der Liebe, die Du heute pflanzt, werden wachsen und in den vielen Jahren, die noch kommen, Früchte tragen.

36.

Nimm Dir Zeit, die Erinnerungen, die Ihr als Familie geschaffen habt, auszukosten. Indem Du mit Deiner Familie Heimfilme anschaust oder Kinderbilder durchblätterst und Ihr Euch dabei an vergangene Tage erinnert, nährst Du den Sinn Deiner Familie für Geschichte und Zusammengehörigkeit.

37.

Schmiede mit Deinen Kindern Pläne. Sprich mit Ihnen über ihre Zukunft. Lerne von ihrem Optimismus und Idealismus. Nimm die aufregende Begeisterung vorweg, sie ihre kühnsten Träume verwirklichen zu sehen.

ELFBERG GYM-NASIUM
STIPENDIUM
ELFORD UNIVERSITÄT
ANMELDUNG

38.

Wenn Du Deine Kinder jeden Tag als die wundervollen Schöpfungen, die sie sind, wertschätzt, dann wird alles übrige an seinen richtigen Platz kommen. Liebe Deine Kinder. Liebe ist es, was zählt und was bleibt.

Weltbeste MAMA!
WIR MAMA

Die Geschichte der Elfenhellfer-"Elfen"

Die einnehmenden „Zwelfen"-Gestalten, welche die „Elfenhellfer"-Publikationen des *Sequoyah-Verlages* bevölkern, erschienen erstmals 1987 auf den Seiten eines kleinen Selbsthilfe-Buches von *One Caring Place*, St.Meinrad, Indiana, das sich „Sei-gut-zu-Dir-Therapie" nannte.

Vom Mitarbeiterstab „geschaut" und entworfen und aus einem auf Deutsch nicht gänzlich wiederholbaren Wortspiel zwischen Elf-Help (Elfen-Hilfe) und Self-Help (Selbst-Hilfe) aufgetaucht, haben die „Zwelfen" in den einfallsreichen Illustrationen von R.W.Alley ihre endgültige Gestalt erlangt und lebten erstmals die sanften Ratschläge der Autorin Cherry Heartman (und weiterer Verfasser) mit Charme, Treffsicherheit und Humor vor.

So haben die „Elfenhellfer" begonnen, uns mit erhellenden EinSichten und AusSichten zu „hellfen", das Leben lichter und unmittelbarer zu sehen. Unter der Devise „Heller statt schneller" geben sie uns „LebensMittel" an die Hand und ans Herz, die sich als wahrhaft nahrhaft für das Gedeihen unseres eigentlichen Wesens und als recht wesentlich für unser DaSein erweisen.

Sie bereichern uns mit „Gehfühlen" und „Gehdanken", die unseren seelischen Himmel aufklären können und die mit der warmen Weisheit und dem leuchtenden GeWahrsein unserer Herzen in wohltuende Resonanz treten.

Der Widerhall bei den Lesern war so enthusiastisch, daß bald schon mehr Elfenhellfer-Selbsthilfebücher auf dem Weg waren; eine immer noch wachsende Reihe, die auch eine Anzahl verwandter „Gehschenk-, Gehspür- und Gehdenk"-Artikel inspirierte.

Dem überaus liebenswerten Charakter der ersten Bücher, der mit Vergnügen seine „Zwelfen"-Mütze trägt, die von einer lebhaften, alle Stimmungsänderungen mitmachenden Kerze gekrönt ist, hat sich inzwischen ein beherztes weibliches Elfenwesen mit Blumen im Haar angeschlossen.

Diese zwei überschwenglichen, feinfühligen, findigen, warmherzigen und liebenswerten Geister - zusammen mit ihrer lebhaften „Zwelfen"-Gemeinschaft - berühren und enthüllen uns, was wirklich wichtig ist, indem sie Botschaften von Freude und Ver-Wunderung, von spielerischer Munterkeit und von Mitschöpfung, von Ganzheit und heiterer Gelassenheit darbieten, Botschaften vom Wunder des Lebens und vom Mysterium der Göttlichen Liebe.

Wir kommen dabei „auf manchen dieser Seiten des Lebens" ohne viel Aufhebens, aber spürbar mit dem Allguten, durch das alles, was ist, ist, in Berührung. In personaler oder alles Personale übersteigender Weise können wir erfahren, daß Er-Sie-Es uns alle samt und sonders in sich birgt. Wie es denn - alles abrundend - in dem Elfenhellfer *„Ein einfacheres Leben"* ohne Umschweife heißt: „Wisse, daß Dein wahres Zuhause in der heiligen Gegenwart liegt. So einfach ist es."

Mit verschmitzter Stimmigkeit, launiger Weisheit und großer Herzenswärme demonstrieren die kleinen Zwelfen-Geschöpfe mit den etwas längeren Nasen den Elfenhellfer-Weg zu einem reichen und erfüllenden Leben.

Die ersten 6 von 37 Elfenhellfern:

Sei gut zu Dir (ISBN 3-8546 6-000-6)

Der originale Bestseller, der die populäre Elfenhellfer-Bewegung ursprünglich ausgelöst hat! Für alle jene, die sich an der Wahrheit ihrer eigenen Liebens-Würdigkeit zu erfreuen wünschen. Die Autorin und Sozialarbeiterin Cherry Heartman wirft einen wohlgemuten Blick in die positive Macht echter Selbst-Liebe und gibt 37 weise und bezaubernd illustrierte „Hellfer", wie man mit dem Alltag zurechkommen und dabei ehrlich, ganz und liebevoll leben kann.

Dein inneres Kind Erinnern (001-4)

Machst Du Dir ständig Sorgen über die Vergangenheit oder hast Du Angst vor der Zukunft? Dein inneres Kind zu erInnern und immer nur einen Tag auf einmal zu nehmen hilft Dir, Dich nur auf einen einzigen Tag auszurichten - den heutigen Tag. So erweckst Du Deine Zuversicht als ein begabtes Kind Gottes - glücklich, geliebt und schöpferischer Lenker Deines eigenen Lebens.

Ein einfacheres Leben (002-2)

Das Leben ist eine komplizierte Angelegenheit. Zuviel zu tun, zuwenig Zeit. „Ein einfacheres Leben" bietet einen Weg mitten durch die komplexe komplizierte Verwickeltheit in unserem Leben und lädt uns ein, dieses unser Leben auf seine Essenz zurückzuführen und dabei seine einfacheren Geschenke, Freuden und Vergnügen wiederzuentdecken.

Bleib guten Mutes (003-0)

Für alle jene von uns, die sich alltäglichem Ungemach und Rückschlägen gegenübersehen. Dieser Elfenhellfer bietet wundervoll illustrierte Reflexionen, die „hellfen", den Geist aufzurichten und stark zu machen. Sie unterstützen Dich dabei, eine Haltung der Hoffnung wachsen zu lassen und diese zu einer heilsamen Gewohnheit zu machen.

Lasse Dir Zeit (004-9)

Dieser Selbsthilfe-Führer für hastige, hastende Leute enthält 35 konkrete und handfeste Ideen, die Dir hellfen mögen, etwas wiederzugewinnen, was Du bereits besitzt: Zeit, genügend Zeit. Du wirst Deinen eigenen Weg zu einem friedvolleren, entspannteren Gebrauch von Zeit finden, selbst in den allergeschäftigsten Situationen.

Loslassen im Annehmen (005-7)

Für jene, denen es schwerfällt loszulassen, sowie für jene, die damit ringen, sich mit der „Gebrochenheit" des Lebens auszusöhnen, liegt hier ein köstlicher, inspirierender und befreiender Führer zu spiritueller Wegfindung, seelischem Wohlbefinden und heiterer Gelassenheit vor. Eine Reise in Richtung einer lebensbejahenden, heilsamen Sichtweise, die spürbar an das Wesen von Wieder-ganz-werden und echtem Wohlergehen rührt.

Die zweiten 6 von 37 Elfenhellfern:

Sei gut zu Deiner Ehe (ISDN 3-85466-007-3)

Dieser „Elfenhellfer" für verheiratete Paare ist ein warmherziger Führer für jene, die grundlegende Regeln von Liebe und Romantik kennen, aber einer gelegentlichen Ermutigung bedürfen, um das Knistern und die Freude ihres gemeinsamen Lebens wieder anzufachen. Ratschläge, die Hand und Fuß haben und praktisch erprobt sind von Paaren, die sie als wahr und wirksam erfahren haben.

Sei gut zu Deinem Körper (006-59)

Während wir auf Pfaden persönlichen Wachstums und Wegen der Transformation unterwegs sind, übersehen wir oft eine lebenswichtige Komponente, die uns auf dieser Reise begleitet - unsere Körper. Und wie wir uns in unserem Körper fühlen, hat seinen Einfluß auf unser ganzes Da-Sein. Dieser „Elfenhellfer" ist eine wahre Quelle gesunder, stimmiger Körper-Weisheit, eine ganzheitliche Herangehensweise an Fitness als den äußeren Ausdruck innerer Freude.

Spiele Dich frei (010-3)

Mit fröhlichen Illustrationen und ermutigenden Richtlinien erinnert uns der Autor, daß es „in Ordnung ist zu spielen und glücklich zu sein". Gott spielte uranfänglich mit grenzenlosen Möglichkeiten - einschließlich Dir - und es war gut.

Alles Gute zum WiederGeburtsTag

Hier findest Du eine wunderbare Einladung zu einer sinnvollen Feier dieses besonderen Tages, an dem der Autor des Lebens einen jeden von uns - wieder - in die Geschichte einschrieb. Mit Tiefe und Gefühl, aber jenseits von Klischees und Sentimentalität, erforscht „Alles Gute zum Wieder-Geburtstag" die vielen Dimensionen von Geburtstagen - wie Dingen, die man bereut, ins Auge zu blicken, über die Würdigung der Gegenwart bis hin zum offenen Willkommenheißen der Zukunft. Diese unnachahmliche „Elfenhellfer-Mischung" aus Zwelfen-Charme und lebendiger Resonanz macht diesen gehaltvollen „Geburtstagsgruß" zu einem idealen Geschenk. (009-X)

Feiere Dein Frau-Sein (008-1)

Feiere die einzigartige Erfahrung und die vielfältigen Gaben, die darin liegen, eine Frau zu sein. Dieses zauberhaft illustrierte Büchlein schäumt über mit einer bejahenden und ermächtigenden Botschaft für Frauen jeden Alters und jedweder Lebenssituation.

Vertraue Deiner Trauer (011-1)

Der Tod eines geliebten Menschen hat eine machtvolle und bedeutende Auswirkung auf unser Leben. Dieses Büchlein bestärkt jene, die trauern, daß ihr Schmerz zu einer tiefgreifend verwandelnden Heilung werden kann.

Die dritten 6 von 37 Elfenhellfern:

Aus ganzer Seele leben (ISDN 3-85466-015-4)

das Leben ist ein unglaubliches Geschenk. Alltagsroutine und alle Arten von Schwierigkeiten können dazu führen, daß wir unser umfassendes Gewahrsein und unsere segensvolle Mitte verlieren. »Aus ganzer Seele leben« ist ein einziger erfrischender Weckruf, leidenschaftlich und absichtsvoll und wach zu leben.

Beflügelt Lehrer sein (013-8)

Lehren kann eine zähe und anstrengende Sache sein; es stellt große Anforderungen und ist sicher mehr eine Berufung als ein Beruf. Die weisen, inspirierenden Worte und eindrücklichen Illustrationen dieses »Elefenhellfers« können den Enthusiasmus eines jeden, der lehrt, wieder erneuern.

Sei gut zu Deiner Familie (014-6)

Es kann heutzutage schon hart sein, eine Familie zu sein. Kultureller und finanzieller Druck, wettstreitende Anforderungen, sich verschiebende Werte machen ein Familienleben zu einer größeren Herausforderung als es das je war. Feiere trotzdem die Freuden und Wunder, den Segen und die Einzigartigkeit Deiner Familie mit »Sei gut zu Deiner Familie«.

Freundschaft entfalten (016-2)

Mit herzerfrischenden Illustrationen und tiefgehenden Gedanken ermöglicht Dir dieser »Elfenhellfer« voller zu verstehen, was es bedeutet, Freund zu sein - mit all seinen Freuden und Herausforderungen. Wahrhaftig und ermutigend ist »Freundschaft entfalten« ein herausragendes Geschenk für Dich selbst wie jemanden, der Dir am Herzen liegt.

Neues Baby - Neues Leben (012-x)

Herzliche Gratulation zu Eurem neuen kleinen Bündel voller Segnungen! Kein Zweifel, Ihr seid überwältigt von Freude - und sehr wahrscheinlich auch von Erschöpfung! Dieses bezaubernd illustrierte Büchlein wird Euch hellfen, aus dieser besonderen Zeit das Beste zu machen - und auch mit dem Schwierigsten dabei zurechtzukommen.

Dem Stress heilsam begegnen (017-0)

Mit kurzen, gesunden Ratschlägen und Zeichnungen, die das Herz leicht machen, schenkt dieses kleine einzigartige Buch praktische, effektive und einsichtsvolle Anleitung, wie wir Stress erkennen und lebensförderlich handhaben können; wie wir in Kontakt bleiben können mit unseren wahren inneren Werten und dabei eine seelische Heiterkeit erlangen, die uns noch in Zeiten ärgsten Stresses dienlich ist.

Die vierten 6 von 37 Elfenhellfern:

Erfüllende Arbeit (ISBN 3-85466-019-7)

Hier geht es um Bedeutung und Wert der Arbeit im weitestmöglichen und lebensfördernden Kontext. Praktische Weisheit in reicher Fülle für alle Gebiete von Mit-Schöpfung und Zu-sammenarbeit bis gesundem Umgang mit Stress. Diese „Arbeitstherapie" kann gute Arbeit für Dich leisten!

1x

Elfenhellfer für voll beschäftigte Mütter (018- 9)

Aus diesem wunderbaren Handbuch und Geschenkbuch für alle Mütter: „Widerstehe dem Drang, Dich mit anderen Müttern zu vergleichen. Gott ließ Dir diese Familie zuteil werden (und schenkte Dich ihnen) aus einem besonderen Grund. Du hast alles, was Du brauchst, um eine liebende, sorgende Mutter zu sein." 38 einsichtsvolle „Regeln, wie es sich gut Mutter sein läßt!"

Sich im Garten wieder finden (020-0)

Ein Elfenhellfer so frisch wie der Frühling., der viele Weisen betrachtet, wie Gärtnern Licht und Leben in unsere persönlichen Welten bringt. Im Sinne des chines. Sprichwortes „Ein Buch ist wie ein Garten, den man in der Tasche trägt", ist es ein sanfter „Einsteck"-Therapeut für die Hosentasche. „Gärten lehren, Gärten erquicken, Gärten lassen uns wachsen. Kümmere Dich um Deinen Garten, und die ganze Welt verwandelt sich.......und strahlt!"

Wieder gesund werden (021-9

Kann Dein Führer sein, um Krankheit mit Deinem ganzen Sein gegenüberzutreten. Seine besänftigenden Worte und „ein-leuchtenden" Illustrationen werden Dich im ganzen Verlauf Deiner Genesung ermutigen und inspirieren, durch Unsicherheit und Angst, durch Verlust und Wandel hindurch. Hilft Dir, in Heiterkeit und Frieden anzukommen - und einem alle medizinischen Vokabel transzendierenden Wohlbefinden.

Dankbar sein (022-7)

Zu bestimmten Zeiten - beim Zusammenkommen mit seinen liebsten Menschen , beim glatten Segeln in Arbeit und Beziehungen, bei Ehrfurcht erweckenden Erlebnissen in der Natur - entsteht Dankbarkeit ganz leicht. Zu Zeiten von Schmerzen und Krankheit etwa ist es beinahe undenkbar. In diesem kleinen Band wirst Du entdecken, wie und warum dankbar sein so gut und passend ist - und zwar immer.

Den Frieden leben (023-5)

Wir sehnen uns nach Frieden in vielen Formen: Nach Innerem Frieden, Frieden in Beziehungen, Frieden in unserer Nachbarschaft........ Dieser Elfenhellfer legt uns nahe, daß aller Frieden in unserem Herzen beginnen muß. Und er teilt mit uns die Weisheit, wie man den Frieden im Innern nähren und gegenüber der Welt einen friedvollen Standpunkt einnehmen kann.

Weitere bald erscheinende Elfenhellfer:

Beherztsein im Alltag

Erlaub Dir zu vergeben

NOCHMALS: Sei gut zu Dir

Finde Dein Gebet

Sich selbst wertschätzen

Nimm Dein Leben in die Hand

Wahrhafte Weihnachten

Heilung dem Helfer

Sei sanft mit Deiner Wut

Im Leiden Sinn erfahren

Als Mann zu seiner Trauer stehn

Aus Depression auferstehn

Göttliches Urvertrauen